ACIS, ET GALATÉE,

PASTORALE-HEROIQUE,

REPRÉSENTÉE PAR L'ACADEMIE ROYALE DE MUSIQUE,

Pour la premiere fois, en septembre, 1686.
Pour la seconde, le mardi 13 de juin, 1704.
Pour la troisiéme, le jeudi 18 d'août, 1718.
Pour la quatriéme, le jeudi 13 de septembre, 1725.
Pour la cinquiéme, le jeudi 19 d'août, 1734.
Pour la sixiéme, le mardi 18 d'août, 1744.

DE L'IMPRIMERIE
De JEAN-BAPTISTE-CHRISTOPHE BALLARD,
Doyen des imprimeurs du Roy, seul pour la musique,
et pour l'Academie royale de musique.

A Paris, au Mont-Parnasse, ruë saint-Jean-de-Beauvais.

M. DCC XLIV.

AVEC PRIVILEGE DU ROY.

LE PRIX EST DE XXX SOLS.

ACTEURS ET ACTRICES
Chantans dans tous les Chœurs du Prologue, et de la Pastorale.

CÔTE' DU ROI.		CÔTE' DE LA REINE.	
Mesdemoiselles	*Messieurs*	*Mesdemoiselles*	*Messieurs*
Dun,	Marcelet,	Cartou,	De Serre,
Delorge,	St. Martin,	Deshaigles,	Gratin,
Varquin,	Lefebvre,	Gondré,	Le Mesle,
Dalemand-C.,	Le Page,	Maçon,	Paran,
Larcher,	Chabourd,	De Verneuille,	Breton,
Delastre,	Fel,	Jaquet,	Deshais,
Rivier.	Houbault,	Riviere,	Levasseur,
	Bourque,	Adelaïde.	Buseau,
	Bornet,		Belot,
	Gallard,		Rhone,
	Duchênet,		Forestier.
	Rochette.		

ACTEURS CHANTANS DU PROLOGUE.

DIANE,	Mlle Romenville.
L'ABONDANCE,	Mlle Bourbonnois.
COMUS,	Mr Berard.
APOLLON,	Mr De la Tour.
UN SILVAIN,	Mr Albert.
UNE DRIADE,	Mlle Coupée.

ACTEURS DANSANS.

SUITE DE COMUS.

Mademoiſelle Dalmand;

Meſſieurs Hamoche, Levoir, Dangeville, Feuillade;

Meſdemoiſelles St. Germain, Courcelle, Thiery, Dary.

SUITE DE L'ABONDANCE.

Monſieur Monſervin;

Meſſieurs Dumay, Dupré, De Vice;

Meſdemoiſelles Erny, Beaufort, Rabon.

PROLOGUE.

PROLOGUE.

LE THEATRE REPRESENTE LE CHATEAU d'ANET.

DIANE, Chœur de Driades, de Silvains, et d'autres Divinitez champêtres.

DIANE.

*U'avec plaisir je reviens en ces lieux*
Que jadis mon séjour rendit si glorieux,
Où regnoient la splendeur & la magnificence!
Le Fils du plus puissant, du plus juste des Rois
Leur redonne aujourd'hui par sa seule présence
Encore plus d'éclat qu'ils n'eurent autrefois.

UNE DRIADE.

Depuis le jour que sur votre promesse
Nous nous sommes flatez de le voir en ces lieux,
Les Driades mes Sœurs, et tous ces autres Dieux,
Après ce doux moment ont soupiré sans cesse.

UN SILVAIN.

Nous avons préparé pour lui
Les fêtes, les concerts que l'allegresse inspire :
Que le sombre chagrin, que le funeste ennui
De cet heureux séjour pour jamais se retire :
Que les plaisirs en foule y viennent aujourd'ui.

DIANE.

Suivez les mouvemens de votre ardeur fidéle ;
Commencez vos concerts,
Que le bruit de vos chants résonne dans les airs :
Heureux ! Si le succès répon dà votre zéle:

LE CHOEUR.

Suivons les mouvemens de notre ardeur fidéle ;
Commençons nos concerts,
Que le bruit de nos chants résonne dans les airs :
Heureux ! Si le succès répond à notre zéle !

L'ABONDANCE, COMUS;

Suite de l'Abondance & de Comus.

L'ABONDANCE.

Dans les jours de réjouissance
J'ai toujours le premier emploi ;
Vous seriez-vous flattez de la vaine esperance
De pouvoir vous passer de moi ?
Que feriez-vous sans l'Abondance ?

COMUS.

A mon visage, à ma suite ordinaire
Reconnoissez Comus dieu des festins,
Dont la présence à vos desseins
Est aujourd'hui si necessaire.

Que vous sert d'assembler au gré de vos desirs,
Tous les jeux & tous les plaisirs?
Si vous n'avez ceux de la table,
Tous les cœurs seront mécontens:
La fête la plus agréable
Sans moi, ne peut durer long-temps.

DIANE, L'ABONDANCE, COMUS.

Unissons nos efforts, et qu'une ardeur si belle
Sans cesse se renouvelle.

LE CHOEUR.

Unissons nos efforts, et qu'une ardeur si belle
Sans cesse se renouvelle.

APOLLON paroît en l'air sur un nuage.

APOLLON.

Apollon en ce jour aprouve votre zéle
Pour un Prince charmant,
Et vient joindre aux plaisirs d'une fête si belle,
D'un Spectacle nouveau le doux amusement.

Au plus grand des Heros j'ai toujours ſoin de plaire ;
Eh ! Que puis-je mieux faire
Que de vous ſeconder par des chants deſtinez
A divertir un Fils qu'il aime ?
Puiſſent ces mêmes chants un jour plus fortunez
Le divertir encor lui-même !

Digne Fils de ce Conquerant,
Que ne quittent jamais Minerve & la Victoire,
Tu vois par les reſpects que l'Univers lui rend
Le prix de ſes travaux, et l'éclat de ſa gloire ;
Tu vois ſes ennemis à ſes pieds abbatus ;
Tu jouis des exploits de ſa main triomphante,
Tâche de l'imiter ; Sans ceſſe il te préſente
Un exemple parfait de toutes les vertus.
Vous, habitans de ce ſéjour aimable,
Redoublez votre empreſſement,
Gardez-vous de perdre un moment
D'un temps ſi favorable.

COMUS.

Apollon flatte nos vœux
D'un ſuccès heureux :
Nous connoiſſons ſa puiſſance,
Il remplira notre eſperance.

LE CHOEUR.

Apollon flatte nos vœux
D'un succès heureux:
Nous connoissons sa puissance,
Il remplira notre esperance.

FIN DU PROLOGUE.

ACTEURS CHANTANS DE LA PASTORALE.

ACIS, *Berger, Amant de Galatée,* Mr Jelyotte.

GALATE'E, *Nymphe de la mer, Fille de Nerée & de Doris,* Mlle Le Maure.

POLIPHEME *Géant, Fils de Neptune, et Amant de Galatée,* Mr Chassé.

Suite de Polipheme.

TIRCIS, *Berger, Amant d'Aminte,* Mr Berard.

AMINTE, *Bergere,* Mlle Bourbonnois.

Chœur de Bergers & de Bergeres.

LE GRAND-PRETRE DE JUNON, Mr De la Tour.

Suite du Grand-Prêtre.

NEPTUNE, Mr Le Page.

Suite de Neptune.

UNE NAYADE, Mlle Romenville.

Chœurs de Dieux Marins, de Fleuves & de Nayades.

ACTEURS DANSANS DE LA PASTORALE.

PREMIER ACTE.

BERGERS ET BERGERES;

Mademoiſelle Camargo;
M[r] D-Dumoulin;
Meſdemoiſelles Dalmand, Le Breton;
M[rs] P-Dumoulin., Feuillade; Hamoche,
F-Dumoulin, Malter-C.;
Meſdemoiſelles St Germain, Courcelle,
Fremicourt, Thiery, Dary.

SECOND ACTE.

SUVITE DE POLIPHEME;

Meſſieurs Matignon, Monſervin, Delpeche;
Meſſieurs Dupré, Dumay, Feuillade, De Vice,
Hamoche, Levoir.

TROISIE'ME ACTE.

SUITE DE NEPTUNE;

Monſieur Dupré;

M^r D-Dumoulin, Mlle Le Breton,
Mr Monſervin, Mlle Carville.

Meſſieurs Delpeche, Dupré, Malter-C., Matignon.

Mademoiſelle Lyonois;
Meſdemoiſelles Rabon, Petit, Beaufort, Thiery.

ACIS,

ACIS ET GALATÉE,

Pastorale-Heroïque.

ACTE PREMIER.

Le théâtre représente le rivage de la mer de Sicile, dans l'endroit le plus agréable de l'Isle.
La terre y paroît ornée de toutes sortes de fleurs:
On y voit quelques bois d'une verdure charmante.

****

SCENE PREMIERE.

ACIS.

C'EST envain qu'en ces lieux j'ai devancé l'aurore,
Helas! Je n'y vois point la beauté que j'adore;
La mer qui la cache à mes yeux,
Se plaît à renfermer ce trésor précieux.

Je fais par tout voler le nom de Galatée,
Je le répete mille fois,
Je l'apprens aux échos, aux oyseaux de ces bois,
Loin de moi cependant trop long-temps arrêtée
Seule elle semble ici méconnoître ma voix.

Faudra-t'il encore vous attendre
Fiere beauté qui régnez dans mon cœur?
Venez par un regard soulager ma langueur,
Songez que d'un moment mes jours peuvent dépendre.

Mes cris ne sauroient vous toucher?
Si le recit de ma peine,
Si ma mort presque certaine
Du fond des flots ne peut vous arracher,
Venez jouir du moins sur ce rivage
De tout ce que la terre a de charmans appas.
Les fleurs y naîtront sous vos pas,
Jamais leur riche émail n'éclata davantage.

Vous ne paroissez point? Qui peut vous retenir?
Peut-être quelque dieu de la cour de Neptune
Cause-t'il seul mon infortune?
Ah! Ce seroit trop me punir:
Dieux? Mais mon trouble cesse, et je la vois venir.

GALATE'E sort de la mer.

SCENE II.

ACIS, GALATE'E.

GALATE'E.

J'Ai crû trouver ici la Nymphe qui m'est chere,
Je vais lui reprocher son peu d'empressement.

ACIS.

Sans cette Nymphe, helas ! Ce rivage charmant
N'a-t'il rien qui puisse vous plaire ?

GALATE'E.

Je suis sensible aux charmes de ces lieux,
Mais ma joye eût été plus grande,
Si ce rivage eût offert à mes yeux
La Nymphe que je demande.

ACIS.

Ah ! Si vous connoissez par la seule amitié
Les ennuis que l'absence cause,
N'aurez-vous point quelque pitié
Des tourmens où l'Amour m'expose ?

GALATE'E.

Finissez ce discours : Ne pouvez-vous parler
Que de votre tendresse ?

ACIS.

Helas ! Un seul moment peut-on dissimuler
Des peines qu'on souffre sans cesse ?
Pourquoi me voulez-vous forcer à vous celer
La douleur qui me presse ?
Cherchez-vous à la redoubler ?

GALATE'E.

A regret je vous entends plaindre
D'un mal que je ne puis guérir,
Etouffez un amour qui vous fait trop souffrir,
Vous n'aurez plus à vous contraindre.

ACIS.

Ah! Vous me haïssez, je n'en saurois douter,
Par cet ordre cruel votre haine s'explique.

GALATE'E.

Suspendez vos regrets, pour me laisser goûter
L'heureuse paix de ce séjour rustique;
J'y viens avec plaisir, tout y charme mes yeux,
J'y vois les champs parez de mille fleurs que j'aime:
Enfin le doux penchant qui m'attire en ces lieux,
L'emporte sur l'horreur extrême
D'y rencontrer un Géant odieux.

L'on entend un Concert de Flûtes.

GALATE'E.

Mais quels concerts se font entendre?
Quelle troupe paroît, et s'approche de nous?

ACIS.

Ce sont des cœurs unis par l'amour le plus tendre,
Des cœurs libres de soins & de soupçons jaloux;
Tous leurs jours sont charmans, tous leur momens sont doux;
Ecoutez leurs chansons, et vous pourrez apprendre
Si leurs plaisirs n'ont rien d'agréable pour vous.

SCENE III.

ACIS, GALATE'E, AMINTE, TIRCIS;
Troupe de BERGERS ET DE BERGERES.

TIRCIS, ET AMINTE.

Que l'amour qui nous enchaîne
Flate nos tendres desirs!

CHOEUR.

Goûtons les plus doux plaisirs,
Ils viennent s'offrir sans peine;
Et pour payer nos soupirs
Chaque jour nous les raméne.

AMINTE.

Former les mêmes desirs,
Vivre l'un pour l'autre,
Sentir de nouveaux plaisirs,
Voilà quel sort est le nôtre.

TIRCIS.

L'Amour dans ces beaux lieux nous a tous rassemblés.
Célébrons les faveurs dont il nous a comblés.

LE CHOEUR.

L'Amour dans ces beaux lieux nous a tous rassemblés.
Célébrons les faveurs dont il nous a comblés.

AMINTE.

Que les plus galantes Fêtes
Parmi nous ſoient toûjours prêtes:
Qu'au bruit de nos chanſons la plus fiere beauté
Ne puiſſe un ſeul moment garder ſa liberté.

LE CHOEUR.

Que les plus galantes fêtes, &c.

AMINTE, ET LE CHOEUR.

Ici chacun s'engage
Pour ne jamais changer,
Point de beauté volage
Ni d'indiſcret berger:

L'amant le plus ſincere
Y ſait le mieux charmer;
Nôtre gloire eſt de plaire,
Nôtre plaiſir d'aimer.

Les Concerts des Bergers ſont interrompus par un bruit barbare.

GALATE'E.

Le fier Polipheme s'avance,
Bergers, éloignez-vous,
C'eſt aſſez de ſa préſence
Pour changer en chagrins vos plaiſirs les plus doux.

SCENE IV.

GALATÉE, POLIPHEME.

POLIPHEME.

JE regarde par tout, et ma recherche est vaine,
Ces Nymphes, ces Bergers que sont-ils devenus?
Se peut-il qu'en ces lieux je ne les trouve plus?
Le soin de m'éviter dans ces bois les entraîne?
Où prétendent-ils se cacher?
Connoissent-ils bien Polipheme?
Est-il quelque antre affreux où ma fureur extrême
Ne les aille chercher?
Allons, courons punir leur fuite.
Mais je vois Galatée, et mon ame interdite
Perd toute sa fureur:
Je me sens agité de trouble & de terreur.

SCENE V.

POLIPHEME, GALATÉE.

POLIPHEME.

QUe tardons-nous! Parlons de l'ardeur qui m'anime,
Est-ce à moi de trembler?
Si d'un cruel amour je deviens la victime,
Qui pourroit me contraindre à le dissimuler?

Vous voyez charmante Déesse
Un amant que vos yeux ont soumis à vos loix,
J'ignorois le pouvoir de ce dieu qui me blesse,
Je l'éprouve aujourd'hui pour la premiere fois.

GALATE'E.

Que dites-vous? Puis-je vous croire?
Je vous fais connoître l'Amour!

POLIPHEME.

Peut-être avant la fin du jour,
Vous applaudirez-vous d'une telle victoire.
Tout ce que vous voyez reconnoit mon pouvoir,
Le Dieu des eaux m'a donné la naissance,
Si vous y consentez je puis vous faire voir
Mes richesses & ma puissance:
Je veux que tous les cœurs qui vivent sous ma loi
Viennent vous rendre hommage,
Leur zéle parlera pour moi.
Aprouvez-vous ces soins où mon amour m'engage?

GALATE'E.

Je ne condamne point ce dessein généreux.

POLIPHEME.

Je suis au comble de mes vœux,
Je vais tout préparer pour cette grande Fête.
Vous conoitrés bientôt quelle est votre conquête.

GALATE'E, seule.

Enfin j'ai calmé sa fureur,
Des cœurs qu'il a troublés dissipons la terreur.

FIN DU PREMIER ACTE.

ACTE II.

ACTE SECOND.

Le théâtre change, et représente une foreſt.

SCENE PREMIERE.

ACIS, GALATE'E.

ACIS.

Quoy? Vous avez promis d'aſſiſter à la fête
Que Polipheme vous aprête?
Les ſoins de ce barbare ont pû vous attendrir?
Dans ſes projets votre bonté le flatte.
C'en eſt donc fait, ingrate,
Vous me condamnés à mourir.

GALATE'E.

Quel reproche osez-vous me faire?

ACIS.

Non, non, je ne puis plus me taire;
Attendez-vous de voir
Les plus sanglans effets d'un mortel désespoir.

GALATE'E.

Quoi! Que voulez-vous entreprendre?

ACIS.

Pourquoi cherchez-vous à l'apprendre?
Si vous ne m'aimez pas,
Que vous peut importer ma vie ou mon trépas?

GALATE'E.

Sans que pour vous l'amour me sollicite,
Je puis souhaiter d'être instruite
De vos desseins secrets.

ACIS.

Eh bien, apprenez donc que ma mort est certaine;
Vous ne jouirez plus de mes tendres regrets,
En terminant mes jours, je finirai ma peine.
Je braverai le Géant furieux
Qui me ravit tout ce que j'aime,
J'irai troubler ses jeux, et l'attaquer lui-même;
Content de succomber sous sa fureur extrême,
Et de verser tout mon sang à vos yeux.

Ecoutez mes tristes adieux ;
Je vous laisse, je pars, je cours à mon supplice,
Ce n'est que pour la mort que je forme des vœux,
Agréez seulement ce dernier sacrifice
D'un cœur toujours fidéle, et toujours malheureux.

GALATE'E.

Il me quite, arrêtez, Acis, je vous l'ordonne,
Je ne puis soutenir le trouble où je vous voi,
Contre un si tendre amour ma fierté m'abandonne;
Et ma foible raison ne répond plus de moi.

ACIS.

Qu'entens-je? Votre cœur dans mon fort s'intéresse?

GALATE'E.

Vous n'avez point perdu vos soins,
Je vous ai fait voir ma foiblesse,
Vos yeux en ont été de fidéles témoins.

Jouissez de mon trouble & de votre victoire,
Il ne veux point vous en ravir la gloire,
Connoissez le bonheur qui vous est préparé,
Je l'ai rendu plus doux quand je l'ai differé.

ACIS.

Mais puisque vous vouliez couronner ma tendresse,
Falloit-il du Ciclople approuver les desirs?

GALATE'E.

Je craignois pour vos jours sa fureur vangeresse;
Je voulois à ses yeux dérober nos soupirs
Par une agréable promesse.

ACIS.

Immortels habitans des cieux,
Dans les transports de mon ame ravie
Je puis regarder sans envie
Votre sort glorieux.

Aimer, d'un doux succès voir sa flamme suivie,
N'est-ce pas un plaisir réservé pour les Dieux?

Quand j'ai la gloire de vous plaire,
Ne pouvez-vous assurer mon bonheur?
Après le don de votre cœur
Auray-je encor des vœux à faire?

GALATE'E.

Je puis donner ma foi par l'aveu de mon pere;
Je l'ay sur votre amour dès-long-temps pressenti;
A vos desirs Nerée a consenti.

Le Temple de Junon nous offre un sûr azile,
Nous y serons en liberté,
Il est bâti dans l'endroit de cette Isle
Le plus innaccessible & le moins fréquenté;
Allez y préparer l'encens & les victimes
Dignes de consacrer nos ardeurs légitimes,
J'aurai soin de m'y rendre avant la fin du jour,
J'y conduirai l'Hymenée & l'Amour.

SCENE II.

GALATE'E, seule.

QU'une injuste fierté nous cause de contrainte,
Et tyrannise nos desirs !

Tandis qu'à mon amant j'ay caché mes soupirs,
J'ai souffert mille maux dans cette longue feinte ;
A peine mon amour s'est expliqué sans crainte,
Que j'ai senti mille plaisirs.

Qu'une injuste fierté nous cause de contrainte,
Et tyrannise nos desirs !

Doux transports d'une ame contente,
Que vous êtes charmans !

Mais je voi le Ciclope, il prévient mon attente,
Contraignons-nous quelques momens.

SCENE III.

GALATE'E, POLIPHEME,

Suite de POLIPHEME.

POLIPHEME.

QV'à l'envi chacun s'empresse
De me suivre dans ces lieux.
Pour un cœur que l'amour blesse
Les momens sont précieux ;
Préparez à ma Déesse
Un triomphe glorieux ;
Hâtez-vous, il faut sans cesse
Rendre hommage à ses beaux yeux.
Qu'à l'envi chacun s'empresse
De me suivre dans ces lieux.

LE CHOEUR.

Qu'à l'envi chacun s'empresse
De vous suivre dans ces lieux.
Pour un cœur que l'amour blesse
Les momens sont précieux ;
Préparons à la Déesse
Un triomphe glorieux ;

Hâtons-nous, il faut ſans ceſſe
Rendre hommage à ſes beaux yeux.
Qu'à l'envi chacun s'empreſſe
De vous ſuivre dans ces lieux!

POLIPHEME.

Connoi, puiſſant Amour, ta derniere victoire,
Ce triomphe ſuffit pour te combler de gloire:
Tu ranges ſous tes loix un cœur audacieux,
Qui mépriſe la foudre & brave tous les Dieux.

LE CHOEUR.

O vous! Adorable Immortelle,
Ecoutez favorablement
Les vœux de votre amant,
Vous ne ferez jamais de conquête ſi belle.
Plus un cœur eſt loin d'aimer,
Plus il eſt beau de l'enflammer.

POLIPHEME.

Je ſuis content de votre zéle,
A mes yeux vos tranſports ont aſſez éclaté;
Voyons s'ils ont ſû plaire à ma divinité,
Qu'on me laiſſe ſeul avec elle.

SCENE IV.

POLIPHEME, GALATE'E

POLIPHEME.

CHaque moment me tue, et redouble mes feux,
Je ne puis plus souffrir l'ardeur qui me dévore,
Hâtez-vous de me rendre heureux,
Voulez-vous accabler un cœur qui vous adore?

GALATE'E.

Le seul Nerée a droit de disposer de moi,
Jamais à ses desirs mon cœur ne fut contraire,
Peut-on sans son aveu me demander ma foi?
Allez: Et pour l'hymen que votre amour espere,
Méritez le choix de mon Pere.

POLIPHEME.

Oui j'obtiendrai l'aveu charmant
Qui seul peut assûrer le repos de ma vie:
Ma demande sera suivie
D'un prompt consentement.

Pour hater mon bonheur je vais tout entreprendre,
Votre Pere connoît ma force & mon pouvoir,
Et sait trop ce qu'on doit attendre
D'un amant tel que moi, réduit au desespoir.

FIN DU SECOND ACTE.

ACTE III.

ACTE TROISIÉME.

Le théâtre représente un petit espace de terre aride & déserte; cet espace est bordé par des Montagnes, dont la principale est le Mont-Æthna; on voit à côté un petit Temple consacré à Junon : La mer paroît dans l'éloignement.

SCENE PREMIERE.

LE PRÊTRE DE JUNON, et sa Suite.

LE PRÊTRE DE JUNON.

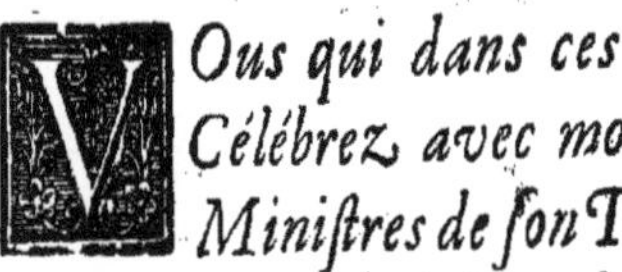

Vous qui dans ces lieux solitaires
Célébrez avec moi Junon & ses mysteres,
Ministres de son Temple, et favoris des cieux,
Qui faites vos plaisirs du service des Dieux,

Préparez les fleurs les plus belles,
Et l'encens le plus précieux,
Vous verrez bientôt en ces lieux
Arriver deux Amans fidéles,
Ils sont dignes des soins que vous prendrez pour eux,
L'Hymenée & l'Amour veulent qu'ils soient heureux.

LE CHOEUR.

Puissent-ils près de nous trouver un sûr azile!
Daigne le juste ciel favoriser leurs vœux!
Puissent-ils voir croître leurs feux
Dans un hymen doux & tranquile.

SCENE II.

ACIS, GALATE'E, LE PRÊTRE, et sa Suite.

LE PRÊTRE.

Les voici ces tendres Amans,
Dans leur impatience ils comptent les momens;
Avançons vers le Temple, et par un sacrifice,
Interessons Junon à leur être propice.

SCENE III.

ACIS, GALATE'E, LE PRÊTRE, et sa Suite.

POLIPHEME sur le haut d'un rocher.

POLIPHEME.

Que voi-je? Quel objet pour un Amant jaloux?
L'ingrate Galatée, et le Berger qu'elle aime?
Tu mourras téméraire, et Jupiter lui-même
Ne sauroit dérober ta tête à mon couroux.

LE CHOEUR.

Le Ciclope menace! O ciel, protege-nous;
Sers-toi pour nous sauver, de ton pouvoir suprême.

SCENE IV.

ACIS, GALATE'E.

GALATE'E.

FUions sa violence extrême
Heureux de pouvoir l'éviter.

ACIS.

Vous me quittez ? Helas ! N'osez-vous arrêter ?

GALATE'E.

Fuiez Acis, s'il est possible,
Où votre perte est infaillible.

ACIS.

Mourant pour vos beaux yeux, je ne crains point la mort.
Où puis-je la trouver plus belle ?
Dois-je enfin me plaindre du sort
Si je meurs heureux & fidéle ?

SCENE V.

POLIPHEME.

Quel chemin ont-ils pris ces Amans trop heureux?
Sans doute Jupiter s'intereſſe pour eux.
Qu'il ſe montre, ce Dieu que l'Univers révére,
C'eſt un objet digne de ma colere.
Je l'attens: Mais il craint de paroitre à mes yeux,
Et croit braver ma rage, enfermé dans les cieux;
J'y monterai malgré l'effort de ſon tonnerre,
J'entaſſerai ces monts pour aller juſqu'à lui,
Et ferai plus trembler tout l'Olimpe aujourd'hui
Que ne firent jadis les enfans de la terre.

Mais, commençons d'exercer mon couroux
Sur un rival que je déteſte,
Qu'il ſoit anéanti par un ſeul de mes coups;
Que ſa mort ſoit enfin ſi triſte & ſi funeſte,
Que de tout ſon bonheur je ne ſois plus jaloux!

SCENE VI.

ACIS, GALATE'E, POLIPHEME.

GALATE'E.

ALlez, éloignez-vous, faut-il vous le redire?

GALATE'E se plonge dans la mer.

ACIS.

Vous me fuyez? Par où l'ay-je donc mérité?

POLIPHEME.

Traitre, reçoi le prix de ta témerité.

POLIPHEME écrase ACIS avec un rocher.

ACIS.

Déesse, c'en est fait, je vous perds, et j'expire.

SCENE VII.

POLIPHEME.

IL est mort l'insolent, j'ai trompé son attente,
Je suis content puisque je suis vangé :
Ah, quel plaisir pour un cœur outragé
Qu'une vengeance sanglante !

Et toi Déesse perfide
Pleure l'indigne Amant que tu m'as préferé ;
Ma tendresse a fait place au transport qui me guide,
J'ai repoussé les traits dont j'étois pénetré.

Publions par tout ma victoire,
Elle assure à la fois mon repos & ma gloire ;
J'immole dans le même jour
Mon rival & mon amour.

SCENE VIII.

GALATE'E sortant de la mer.

GALATE'E.

ENfin j'ai dissipé la crainte
Qui m'arrêtoit au fond des flots,
Je vois régner ici le calme & le repos,
Ma flamme désormais ne sera plus contrainte.
Cherchons seulement
Le Berger charmant
Que mon cœur adore,
Hélas! Il ne vient point encore.

Acis, mon cher Acis, en quels lieux êtes-vous?
Revenez près de moi, tout est ici tranquile;
Vous n'avez plus besoin d'azile
Contre un injuste couroux.

Quoi? tu ne répons point à ma voix qui t'apelle?
Je commence à sentir une peine mortelle
De ton éloignement:
Revien, mon cher Acis, dois-tu perdre un moment?

Mais

Mais quelle terreur ſecrete
M'allarme & m'inquiéte?
Quelle image grands dieux, vient fraper mon eſprit!
Je tremble, quel objet à mes yeux ſe préſente?
Les rochers renverſez, et la terre ſanglante
M'aſſurent le malheur que mon cœur m'a prédit.

Que ne puis-je expirer après ce coup funeſte!
Mon amour à jamais fera couler mes pleurs,
Heureux mortels, dans de pareils malheurs
L'eſpoir de la mort vous reſte.

Fut-il jamais un deſtin plus affreux!
Quel cœur a reſſenti la douleur qui me preſſe?
Je perds l'objet de ma tendreſſe,
Quand nous ſommes près d'être heureux.

Faut-il encor pour croître mon ſupplice,
Que de ſa mort je ſois complice?
J'ai pû l'abandonner dans ce preſſant danger,
Quand ſon amour faiſoit éclater ſon courage!
Ah! Je ne puis y ſonger,
Sans frémir de honte & de rage;
Songeons dumoins à le venger.

Poursuivons le Géant, invoquons les Furies,
Qu'il ne puisse trouver d'azile ni d'appui:
Qu'elles exercent sur lui
Toutes leurs barbaries!

Mais ce cruel châtiment
Me rendra-t'il mon Amant?
Pour soulager ma peine extrême,
Il faut me rendre ce que j'aime.

Puissantes Divinitez,
Généreuse Thetis, favorable Neptune,
Si jusqu'à vous mes soupirs sont portez,
Faites cesser mon infortune;
Ranimez mon Amant, redonnez-lui le jour,
Et s'il se peut encor, augmentez son amour.

SCENE IX.

NEPTUNE sortant de la mer, GALATE'E.

NEPTUNE.

JE sors de mes grotes profondes,
Tes cris ont pénétré jusques au fond des Ondes:
Tes maux par mon secours seront bientôt finis,
Je viens pour réparer le crime de mon fils.

Vous que la Loi du sort soumet à ma puissance
Dieux qui suivez ma cour,
Paroissez sur les eaux, honorez ce grand jour
De votre auguste présence.

SCENE X.

NEPTUNE, GALATE'E;
Toutes les Divinitez de la mer;
Troupes de Fleuves, et de Nayades.

CHOEUR DE DIVINITEZ.

Nous accourons au seul bruit de ta voix,
Notre plus doux plaisir est de suivre tes loix.

NEPTUNE.

Ma fille, le destin répond à ta priere.
Vivez, Acis, vivez, revoyez la lumiere
Mais vivez désormais
Pour ne mourir jamais.

LE CHOEUR.

Acis, vivez désormais
Pour ne mourir jamais.

NEPTUNE.

Que votre sang se change & devienne une eau pure;
Dont l'agréable murmure
Fasse naître dans tous les cœurs
D'innocentes ardeurs!

SCENE XI, et derniere.

NEPTUNE, ACIS changé en Fleuve, GALATE'E, les Divinitez de la mer, Fleuves, Nayades.

GALATE'E.

Cher Acis?

ACIS.

Galatée?

ACIS, ET GALATE'E.

Il m'est permis encore
De revoir ce que j'adore.

NEPTUNE.

Joüissez des biens éternels
Qui sont faits pour les immortels.

Vous Fleuves amoureux, vous Naïades charmantes,
Venez de ces amans redoubler les plaisirs,
Venez animer leurs désirs
Par les chansons les plus touchantes.

UNE NAYADE.

Sous ses loix l'Amour veut qu'on joüisse
D'un bonheur qui jamais ne finisse;

Tendres cœurs, venez-tous
En jouir avec nous.

LE CHŒUR.

Sous ses loix l'Amour veut qu'on jouisse
D'un bonheur qui jamais ne finisse;
Tendres cœurs, venez-tous
En jouir avec nous.

LA NAYADE.

Vous qui croyez l'amour une foiblesse,
Ne venez point troubler notre innocente paix:
Ce n'est point pour des cœurs sans tendresse
Que nos chans amoureux & nos plaisirs sont faits.

Tendres cœurs, conservez l'esperance,
C'est envain qu'on vous fait résistance,
Qu'on s'arme de rigueur, de haine & de couroux;
Que ne vaincrez-vous point, si l'Amour est pour vous?

LE CHŒUR.

Tendres cœurs, conservez l'esperance,
C'est envain qu'on vous fait résistance,
Qu'on s'arme de rigueur, de haine & de couroux;
Que ne vaincrez-vous point, si l'Amour est pour vous?

LA NAYADE.

Désormais on doit aimer sans crainte,
Dequoi sert une injuste contrainte?
Beautez à qui le Ciel a donné mille appas,
L'Amour vous punira de n'en profiter pas.

LE CHOEUR.

Sous ses loix l'Amour veut qu'on jouisse
D'un bonheur qui jamais ne finisse:
Tendres cœurs, venez-tous
En jouir avec nous.

FIN.

APROBATION.

J'AI lû, par ordre de Monseigneur le Chancelier, une réimpression *d'Acis & Galatée*, Pastorale-Heroique. A Versailles, ce 8 Août 1744.

DE MONCRIF.

PRIVILEGE DU ROY.

LOUIS par la grace de Dieu, Roy de France & de Navarre : A nos amez & feaux Conseillers, les Gens tenants nos Cours de Parlement, Maîtres des Requêtes ordinaires de nôtre Hôtel, Grand Conseil, Prevôt de Paris, Baillifs, Sénéchaux, leurs Lieutenans-Civils, & autres nos Justiciers qu'il appartiendra, Salut. Nôtre cher & bien amé le Sieur LOUIS-ARMAND-EUGENE DE THURET, cy-devant Capitaine au Regiment de Picardie ; Nous a fait représenter que, par Arrest de nôtre Conseil du 30. May 1733. Nous avons revoqué le Privilege qui avoit été accordé au Sieur le Comte & ses Associez, pour raison de l'Academie Royale de Musique, ses circonstances & dépendances, & rétabli ledit Privilege en faveur dudit Sieur Exposant, pour en joüir par luy, ses Associez, Cessionnaires & Ayans-cause aux charges & conditions portées par ledit Arrest, pendant le temps & espace de vingt-neuf années, à compter du premier Avril de ladite année 1733. Et que pour l'exploitation dudit Privilege, ledit Sieur Exposant se trouve obligé de faire imprimer & graver les Paroles & la Musique des Opera qui doivent être représentez ; mais que pour cet effet il a besoin de nôtre permission & des Lettres qu'il Nous a tres-humblement fait supplier de luy accorder. A CES CAUSES, voulant favorablement traiter ledit Exposant : Nous luy avons permis & permettons par ces Presentes de faire imprimer & graver *les Paroles & Musique des Opera, Ballets & Fêtes qui ont été ou qui seront représentez par l'Academie Royale de Musique, tant séparément que conjointement* en tels Volumes, forme, marge, caractere, & autant de fois que bon luy semblera, & de les faire vendre & débiter par tout nôtre Royaume, pendant le temps de vingt-neuf années consecutives, à compter du jour de la datte desdites Presentes. Faisons défenses à toutes personnes, de quelque qualité & condition qu'elles soient d'en introduire d'Impression ou Gravûre Etrangere dans aucun lieu de nôtre obeïssance : Comme aussi à tous Imprimeurs, Libraires, Graveurs, Imprimeurs, Marchands en Taille-Douce, & autres de graver, ny faire graver, imprimer, ou faire imprimer, vendre, faire vendre, débiter ny contrefaire lesdites Impressions, Planches & Figures de Paroles de Musique des Opera, Ballets & Fêtes, qui ont été ou qui seront representez par ladite Academie Royale de Musique, tant separément que conjointement en tout ny en partie, sans la permission expresse & par écrit dudit Sieur Exposant, ou de ceux qui auront droit de luy ; à peine de confiscation, tant des Planches & Figures, que des Exemplaires contrefaits & des Ustanciles qui auront servy à ladite contrefaçon, que Nous entendons être saisis en quelque lieu qu'ils soient trouvez ; de dix mille livres d'amende contre chacun des Contrevenans, dont un tiers à Nous, un tiers à l'Hôtel-Dieu de Paris, l'autre tiers audit Sieur Exposant, & de tous dépens, dommages & interests, à la charge que ces Presentes seront enregistrées tout au long sur le Registre de la Communauté des Libraires & Imprimeurs de Paris, dans trois Mois de la datte d'icelles ; Que la Gravûre & Impression desdites Paroles & Opera sera faite dans nôtre Royaume & non ailleurs, en bon papier & beaux caracteres, conformément aux Reglemens de la Librairie, & notamment à celui du dix Avril 1725. & qu'avant que de les exposer en vente, les Manuscrits gravez ou imprimez seront remis dans le même état où les Aprobations auront été données ès mains de nôtre tres-cher & feal Chevalier Garde des Sceaux de France, le Sieur Chauvelin ; & qu'il en sera ensuite remis deux Exemplaires de chacun dans nôtre Bibliotheque publique, un dans celle de nôtre Château du Louvre, & un dans celle de nôtre tres-cher & feal Chevalier Garde des Sceaux de France, le Sieur Chauvelin ; Le tout à peine de nullité des Presentes ; Du contenu desquelles Vous mandons & enjoignons de faire joüir ledit Sieur Exposant, ou ses Ayants-cause, pleinement & paisiblement sans souffrir qu'il leur soit fait aucun trouble ou empeschement. Voulons que la Copie desdites presentes, qui sera imprimée tout au long au commencement ou à la fin desdites Paroles ou Opera, soit tenuë pour dûëment signifiée ; & qu'aux Copies collationnées par l'un de nos amez & feaux Conseillers & Secretaires, foy soit ajoûtée comme à l'Original. Commandons au premier nôtre Huissier ou Sergent, de faire pour l'execution d'icelles tous Actes requis & necessaires, sans demander autre permission, & nonobstant Clameur de Haro, Chatre Normande & Lettres à ce contraires. CAR tel est nôtre plaisir. DONNÉ à Fontainebleau le douziéme jour de Novembre, l'An de Grace mil sept cent trente-quatre, & de nôtre Regne le vingtiéme ; *Et plus bas*, Par le Roy en son Conseil. Signé SAINSON, avec paraphe.

J'ay cedé à M. BALLARD le present Privilege, suivant le Traité fait avec luy le premier Septembre 1730. A Paris ce 23. Novembre 1734. DE THURET.

Registré ensemble la Cession, sur le Registre VIII. de la Chambre Royale des Libraires & Imprimeurs de Paris N. 797. *fol.* 779. *conformément aux anciens Reglemens confirmez par celuy du 28. Fevrier 1723. A Paris, le 23. Novembre 1734.* G. MARTIN Syndic.

www.ingramcontent.com/pod-product-compliance
Ingram Content Group UK Ltd.
Pitfield, Milton Keynes, MK11 3LW, UK
UKHW020457180726
13839UKWH00004B/1819